Ira Trivedi

Initiation au Yoga avec OM LE CHIEN

MARABOUT

Publié par Scholastic India Pvt. Ltd.
Filiale de Scholastic Inc., New York, 10012 (USA).
Éditeurs depuis 1920, d'envergure internationale au Canada,
en Australie, Nouvelle-Zélande, au Royaume-Uni, en Inde et à Hong Kong.

Concept et illustrations de Kanika Anand et Mansi Shah.

Traduction pour la version française : Virgile Turier.

SOMMAIRE

Quelques mots de la part d'Ira

Bienvenue dans ce livre d'initiation au yoga avec Om le chien.
Je suis vraiment ravie de vous présenter Om et ses amis.

En cette époque de Smartphones, d'iPads et de toutes ces distractions permanentes, le yoga est devenu, à mes yeux, une discipline plus que jamais nécessaire. Surtout pour les enfants, car les habitudes acquises très tôt nous restent toute notre vie durant. Ce livre initie surtout aux asanas, mais les bénéfices du yoga vont au-delà de la forme physique. Un jeune yogi développera, grâce à son entraînement, sa concentration ainsi que sa volonté.

J'ai diffusé mes connaissances au Sivananda Ashram où je suis les enseignements anciens des vedas que nous ont légués les maîtres Swami Sivananda et Swami Vishnudevananda. Sans eux et leurs bénédictions, ce livre n'aurait jamais vu le jour.

Om Shanti,

Ira

Un petit mot de Om

Namaste, je m'appelle Om et je suis un chien yogi. Bienvenue dans mon livre ! Grâce au yoga, votre enfant sera plus fort, développera sa concentration et disposera de toute l'énergie dont il aura besoin pour s'amuser et jouer, autant qu'il voudra. Pour ma part, j'ai commencé le yoga alors que j'étais encore un tout jeune chiot ! À travers ce livre, je vous montrerai mes asanas préférés. Merci pour le temps que vous allez m'accorder, j'espère que vous apprécierez ce livre ainsi que le yoga au moins autant que moi !

Comment utiliser ce livre

Le livre est divisé en cinq parties.

01 L'ÉCHAUFFEMENT
Avec Om, le chien yogi

02 LES ASANAS
Avec Om, le chien yogi

03 LE PRANAYAMA
Avec Prana, la grenouille

04 LA MÉDITATION
Avec Moksha, l'éléphant

05 LE PROGRAMME DE LEÇONS

Vous pouvez lire chaque partie séparément, puis reportez-vous aux séances d'exercices à la fin du livre pour choisir le programme qui correspond le mieux à votre enfant.

L'ÉCHAUFFEMENT

Avant de commencer la pratique du yoga, il est important d'échauffer son corps convenablement. Munissez-vous d'un tapis de yoga et... c'est parti !

La salutation au soleil

Dans le yoga, chaque mouvement doit être **COORDONNÉ** avec la respiration. Celle-ci doit servir à recentrer son corps et développer sa concentration.

La salutation au soleil, ou *surya namaskar*, n'est pas à proprement parler un asana, mais un exercice d'échauffement pour préparer le corps à la pratique du yoga.

Une salutation au soleil se fait en 12 étapes. Même si cela peut te sembler difficile au début, et que tu t'emmêles les pinceaux, n'abandonne pas. Je te promets que tu sauras très vite tout exécuter parfaitement.

Tiens-toi debout, le dos bien droit et les bras relâchés sur les côtés. Inspire profondément… C'est parti.

1 *Expire*

Joins tes paumes en position de prière.

2 *Inspire*

Tends les bras en l'air, passe-les derrière ta tête. Les jambes et les bras bien droits. Bascule le bassin vers l'avant.

3 *Expire*

Penche-toi vers l'avant en posant tes mains, ou tes doigts, sur le sol. Les doigts et les orteils doivent être alignés.

4 *Inspire*

Recule ta jambe droite. Pose le genou droit au sol. Redresse le cou vers l'arrière et lève le menton vers le haut.

5 *Retiens ta respiration*

La jambe gauche vient à son tour en arrière. Positionne ton corps en ligne droite comme si tu t'apprêtais à faire des pompes.

6 *Expire*

Plie les genoux au sol, mais garde bien les hanches levées. Pose ensuite ta poitrine et ton menton au sol.

7 *Inspire*

Redresse-toi comme un cobra. Arque le torse vers le haut, puis redresse la tête en arrière.

8 *Expire*

Ramène les orteils sous ton corps et relève le bassin, sans bouger les mains. Colle les talons au sol. Te voilà en position de V inversé.

9 *Inspire*

Place le pied droit en avant, entre tes mains, en alignant les doigts et les orteils. Pose le genou gauche sur le sol et lève le menton.

10 *Expire*

Ramène ton pied gauche à côté du droit. Ramène ton front au niveau des genoux. Les doigts et les orteils toujours bien alignés.

11 *Inspire*

Redresse-toi. Étire tes bras, ainsi que ton dos, vers le haut.

12 *Expire*

Place tes bras vers l'avant puis abaisse-les le long du corps. Recommence ensuite, en partant de l'autre jambe cette fois.

Ces levers de jambe simples

Allonge-toi sur le dos, les bras sur les côtés.

1 *Inspire*

En gardant les deux jambes tendues, lève la jambe droite.

2 *Expire*

Repose la jambe droite.

3 *Inspire*

Lève la jambe gauche. Assure-toi que le genou droit reste en contact avec le sol.

4 *Expire*

Repose la jambe gauche.

Répète l'exercice 3 fois avec chaque jambe.
Fais-le le plus lentement possible ! Plus c'est lent, mieux c'est.

Ces genoux sur le menton

Allonge-toi sur le dos, les bras sur les côtés. Lève légèrement la tête à quelques centimètres du sol.

1 *Expire*

Ramène le genou droit sur le menton. Laisse la jambe gauche légèrement au-dessus du sol.

2 *Inspire*

Repose la jambe droite sur le sol.

3 *Expire*

Répète les mêmes mouvements avec la jambe gauche.

4 *Inspire*

Repose la jambe sur le sol.

Répète l'exercice 3 fois avec chaque jambe, en coordonnant bien ta respiration avec chaque mouvement.

Ce cycliste

Allonge-toi sur le dos, les bras sur les côtés. Lève tes deux jambes du tapis et imagine que tu fais du vélo. Respire régulièrement, tu inspires et tu souffles.

Continue pendant une minute. Ensuite, pédale dans l'autre sens.

Bien ! Maintenant que tout le monde s'est échauffé, si on commençait les asanas ?

LES ASANAS

Un asana est une posture de yoga mais ce n'est pas qu'une histoire de torsion du corps. Un asana nous rends plus forts, plus souples et même plus rapides mais il permet aussi à nos organes de mieux fonctionner pour que nous soyons en meilleure santé. Venez donc les apprendre avec moi. Souvenez-vous que le yoga est magique, et je vais vous le montrer !

La chandelle

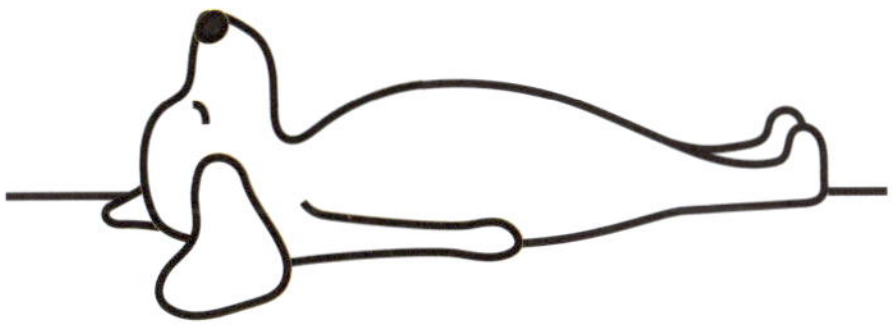

1 Allonge-toi sur le dos.
Serre les pieds.

2 Inspire profondément, tout en levant les deux jambes jusqu'à former un angle droit avec ton corps. Ta tête et ton cou doivent bien garder le contact avec le sol.

En sanskrit, la chandelle s'appelle « SARVANGA » ce qui signifie « toutes les parties », car cette posture est bénéfique pour chaque partie du corps !

3 Place tes mains derrière tes fesses et lève doucement ton corps. Fais descendre tes mains le long du dos, en continuant de prendre appui sur tes épaules.

4 Tout en maintenant cet asana, concentre ton attention sur ta gorge.

Ne te précipite jamais pour faire cette posture.

La charrue

Ne te compare jamais aux autres, apprécie ce que tu sais bien faire. Même si tu n'arrives pas à toucher tes orteils, tu sauras au moins parfaitement faire la chandelle !

1 Commence par réaliser une chandelle. Puis, fais descendre tes pieds vers le sol, derrière la tête. Garde les jambes aussi tendues que possible.

2 Si tes orteils touchent le sol, descends tes mains, les paumes à plat sur le sol. Si ce n'est pas le cas, continue de te soutenir le dos avec les mains.

Ne fléchis pas les genoux.

3 Maintiens la posture 10 secondes.
Tu pourras augmenter cette durée chaque fois que tu réaliseras cette posture, jusqu'à 30 secondes.

4 Pour quitter cet asana, reviens à la posture de la chandelle. Puis abaisse tes pieds au sol, tout doucement, en gardant le contrôle.

Astuce : lorsque tu fais la chandelle, essaie de t'échauffer pour cet asana en soufflant et en ramenant le pied droit derrière la tête, tout en gardant la jambe gauche levée. Inspire et lève la jambe droite, puis abaisse la jambe gauche. Répète l'opération plusieurs fois pour ressentir pleinement cet asana.

Le pont

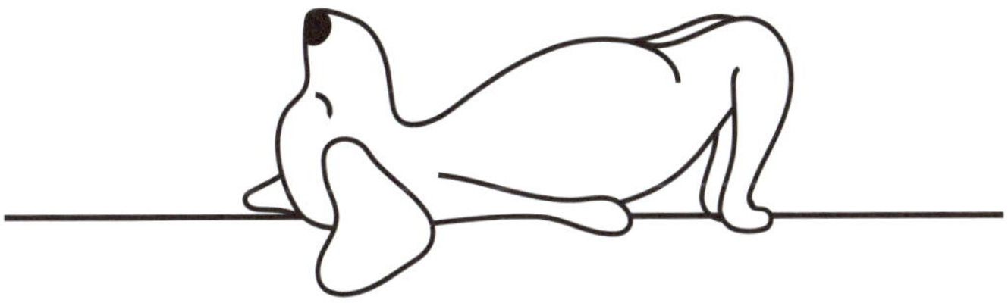

1 Allonge-toi sur le dos, les bras le long du corps.

2 Plie les jambes et ramène les talons près des fesses, les pieds espacés d'environ 20 cm.

3 Lève doucement le ventre, en soutenant le bas du dos avec les mains.

4 Maintiens la posture quelques secondes et respire. Redescends doucement.

La roue

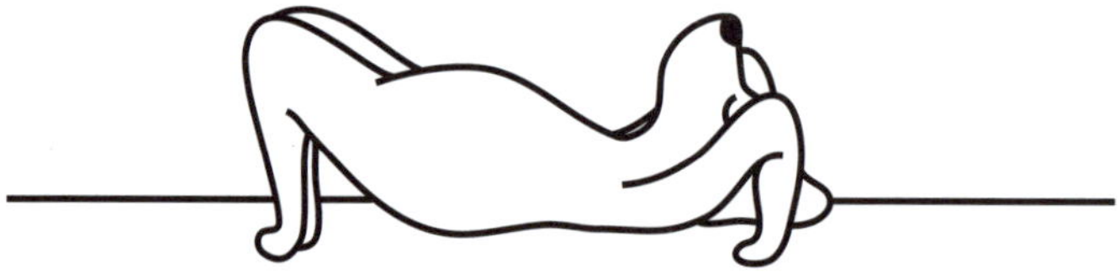

1 Allonge-toi sur le dos, les bras le long du corps.

2 Plie les jambes et rapproche les talons de tes fesses. Espace tes pieds de 20 cm environ.

3 Lève tes mains puis pose-les près de tes oreilles. Les doigts dirigés vers celles-ci, les paumes au sol.

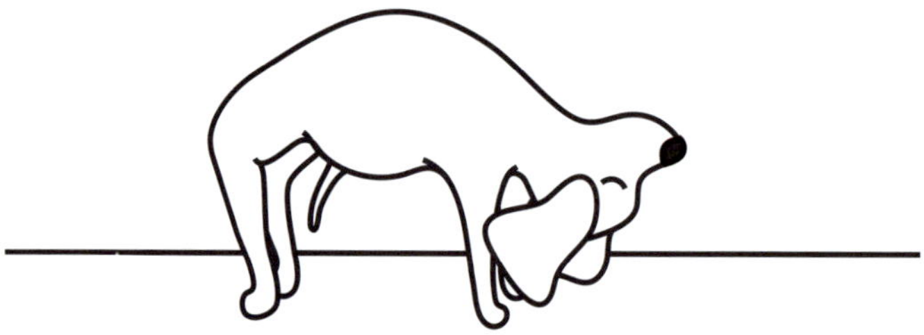

4 Redresse ton corps, en prenant appui sur tes mains et tes pieds.

5 Maintiens cette position quelques secondes. Fais doucement descendre ton corps jusqu'au sol. Étire les jambes puis les bras.

Le poisson

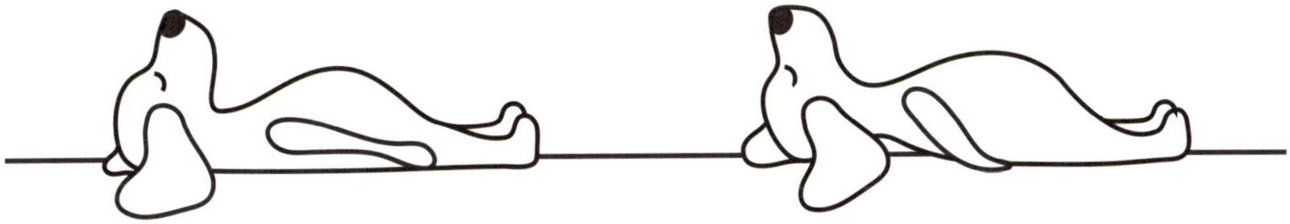

1 Allonge-toi sur le dos. Serre les jambes et les pieds. Place les paumes de tes mains sous ton corps.

2 Rapproche les coudes de tes omoplates. Redresse le torse, en t'appuyant sur les coudes et les avant-bras.

3 Relâche ta tête sur le sol, de manière à ce que l'arrière du crâne touche le sol, en gardant le torse redressé. Bien que la tête soit posée au sol, elle ne supporte aucun poids, car tout le poids se trouve sur les coudes.

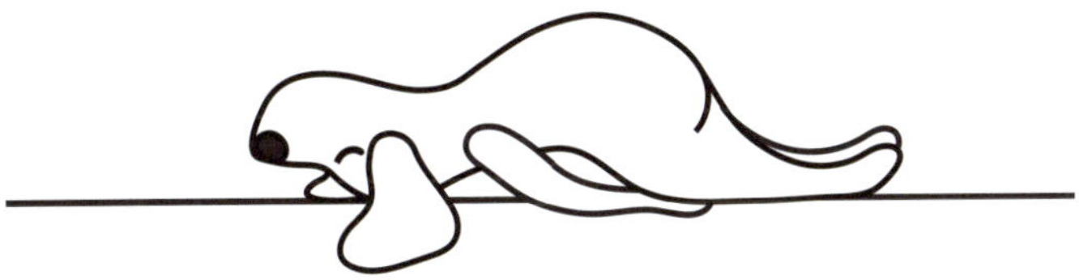

4 Maintiens cette position quelques secondes en respirant profondément. Imagine que tu es un poisson qui nage dans l'océan.

5 Relâche doucement la tête et les bras puis descends vers le sol.

Astuce : **quand tu auras terminé cet asana, bouge la tête sur les côtés, secoue les bras et les jambes afin de relâcher la tension.**

Si tu as du mal à réaliser une posture, ne t'inquiète pas. Le yoga est parfois un peu difficile.
Après tout, l'essence même du yoga, c'est *sadhana* (la pratique) et *stira* (la patience).

VOILÀ LES CLÉS DU SUCCÈS !

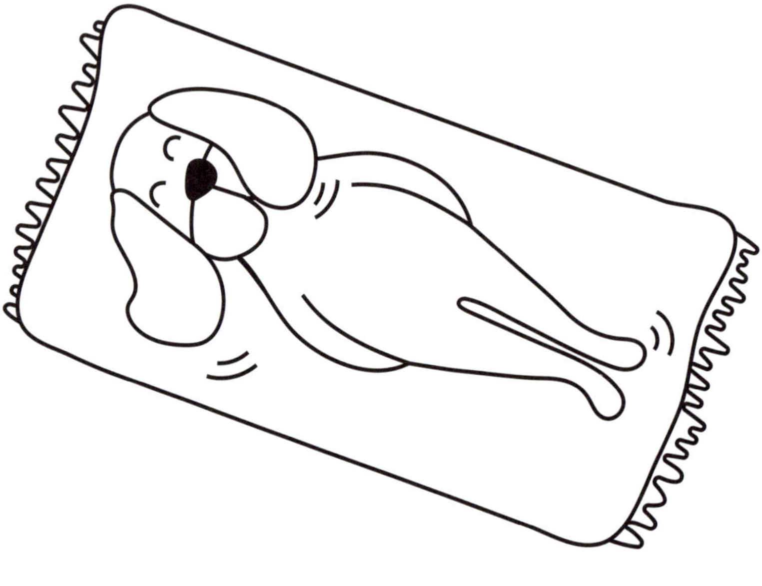

Le papillon

1 Assieds-toi jambes tendues devant toi. Plie ensuite les jambes et rapproche les talons de ton bassin.

2 Baisse les genoux sur les côtés en appuyant tes pieds l'un contre l'autre, tout en rapprochant les talons du bassin aussi près que possible.

3 Tiens tes pieds par les orteils. Inspire et expire. Lève et baisse les genoux, comme s'ils étaient les ailes d'un papillon.

La pince assise

1 Assieds-toi le dos droit sur le tapis. Serre les jambes et tends-les bien droites devant toi.

2 Inspire. Tends les bras au-dessus de la tête.

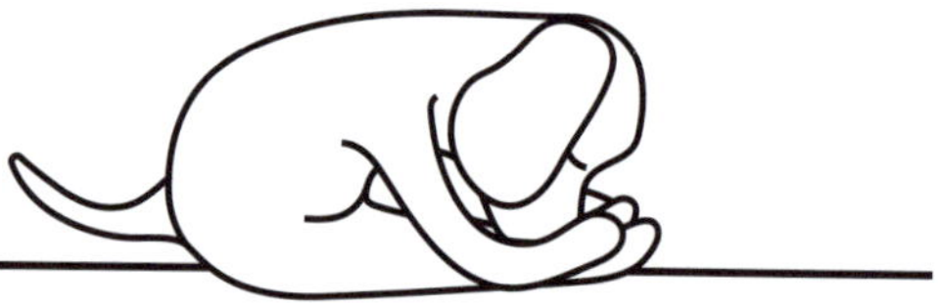

3 Souffle. Essaie de toucher tes chevilles, en penchant le bassin, mais en gardant le dos droit au maximum.

4 Maintiens cette posture. Continue d'inspirer et de souffler tranquillement.

Le cobra

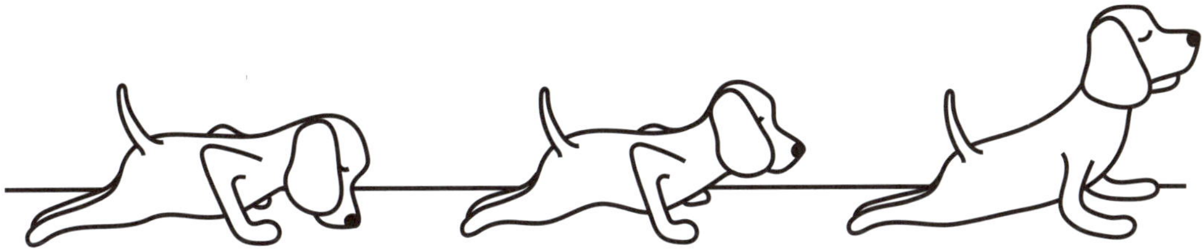

1 Allonge-toi à plat ventre, le front posé sur le sol. Place les mains bien à plat sur le tapis, directement sous les épaules. Les doigts bien alignés avec les épaules et les coudes pointés vers le haut.

2 Inspire. Redresse-toi comme un cobra, en prenant appui sur tes mains à même le sol. Redresse la tête, le torse et le menton, puis cambre le dos.

3 Maintiens le bassin et les jambes au sol et regarde en l'air.

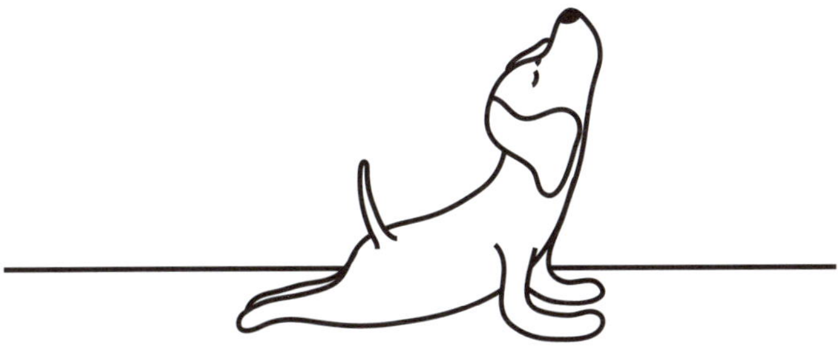

4 Maintiens la posture. Inspire et souffle, tu dois sentir ton dos bien ferme, ainsi que tes bras.

5 Expire. Baisse doucement la tête puis les bras.

6 Répète cet asana 3 fois en contrôlant ta respiration.

L'arc

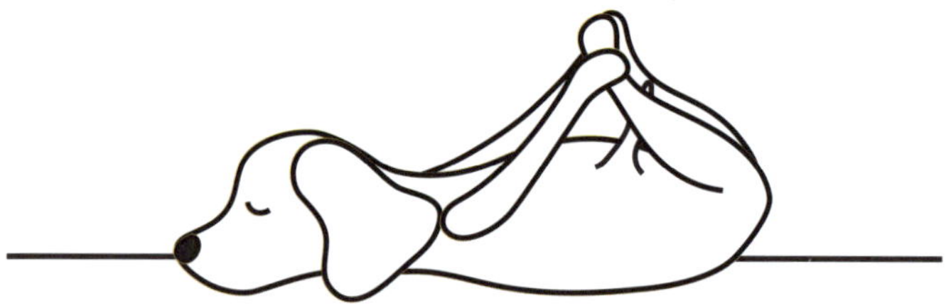

1 Allonge-toi à plat ventre. Pose le front au sol, les bras le long du corps.

2 Plie les jambes en relevant les pieds, tout en les écartant légèrement. Place les bras derrière le dos et attrape tes chevilles avec tes deux mains.

3 Inspire. Lève la tête, le torse et les cuisses, en cambrant le corps au maximum.

Astuce : **balance-toi en avant et en arrière pour augmenter cet étirement !**

Ce chat et la vache

1. Prends appui sur tes mains et tes genoux, en position de « table ». Les genoux doivent se trouver directement sous les hanches et les poignets, les coudes et les épaules alignés perpendiculairement par rapport au sol.
2. Expire. Redresse la colonne vertébrale, vers le haut. Baisse la tête vers le sol. Voilà, c'est la posture du chat.
3. Inspire, puis reprends la position de la table et détends-toi.

4. Inspire. Lève le coccyx ainsi que le torse vers le haut. Ton ventre, lui, pend vers le sol. Voilà, c'est la position de la vache.
5. Expire. Reprends la position de la table.
6. Répète cet asana 5 à 10 fois.

Le lion rugissant

1 Mets-toi à genoux, fesses posées sur les talons. Pose tes mains sur les genoux et tends les doigts comme les griffes d'un lion.

2 Inspire. Redresse le dos. Étire ta colonne vertébrale.

3 Expire. Place les paumes au sol, devant les genoux. Cambre le dos et tire la langue. Puis rugit, comme un lion.

4 Inspire. Reprends la posture initiale puis recommence.

Ce chameau

1 Mets-toi à genoux, en les écartant légèrement.

2 Penche-toi en arrière. Attrape ta cheville droite avec la main droite et ta cheville gauche avec la main gauche.

3 Inspire. Cambre le dos, en avançant le ventre et en penchant la tête en arrière au maximum.

4 Expire. Relâche les bras.

5 Répète cet asana 3 fois, en le synchronisant avec ta respiration.

Le lotus

Ma position préférée !

1 Assieds-toi, jambes tendues devant toi.

2 Replie la jambe droite. Place ta cheville droite sur ta cuisse gauche.

3 Replie ensuite la jambe gauche. Place la cheville gauche sur ta cuisse droite.

4 Garde le dos bien droit. Ferme les yeux et maintiens cette position, en respirant tranquillement.

Le guerrier

1 Mets-toi debout, les pieds espacés d'environ 60 à 80 cm. Pivote le pied droit à 90°. Lève les bras bien droits et parallèles l'un à l'autre.

2 Plie la jambe droite, la cuisse parallèle au sol. Garde la jambe gauche tendue.

3 Essaie de toucher le ciel avec tes bras. Cambre le dos.

4 Rassemble tes bras, toujours tendus, puis tends-les séparément, parallèles au sol. Finalement, relâche-les doucement.

5 Reviens à ta position de départ et recommence cet asana, mais avec l'autre jambe.

Choisis 3 qualités qui sont, selon toi, importantes pour un guerrier. Puis pense à chacune d'elles tout en exécutant cet asana.

La pince debout

1 Tiens-toi debout, le dos droit. Inspire profondément. Lève les bras.

2 Expire. Penche-toi en avant jusqu'à ce que tes mains touchent tes orteils et ton nez touche tes genoux.

3 Maintiens la position 5 secondes. Répète l'asana en contrôlant ta respiration.

Le danseur

1 Tiens-toi debout et bien droit. Plie la jambe droite en arrière, au niveau du genou. Attrape ton gros orteil avec ta main droite et tire-le vers le haut.

2 Maintiens la posture quelques secondes, en regardant un point fixe devant toi pour garder l'équilibre. Concentre-toi sur la régularité de ta respiration pour raffermir ta position.

3 Recommence, avec l'autre jambe cette fois.

Ce triangle

1 Mets-toi debout sur le tapis de sol. Écarte les jambes de 50 cm environ.

2 Lève les bras bien droits, les paumes de tes mains tournées vers l'avant.

3 Penche-toi sur la gauche et touche ton gros orteil gauche avec la main gauche.

4 Maintiens la position quelques secondes en contrôlant ta respiration. Puis reprends ta position initiale.

5 Recommence, mais de l'autre côté, cette fois.

L'arbre

1 Tiens-toi debout. Place ton pied droit sur ta cuisse gauche. Maintiens bien la voute plantaire sur ta cuisse.

2 Joins tes deux mains en position de prière. Concentre ton regard sur un point devant toi pour garder l'équilibre. Consolide ta position en contrôlant ta respiration.

3 Relâche les bras puis la jambe. Recommence l'opération, avec l'autre jambe. Ton pied gauche bien posé à plat contre ta cuisse droite.

Savasana

Ou la posture dite du cadavre !

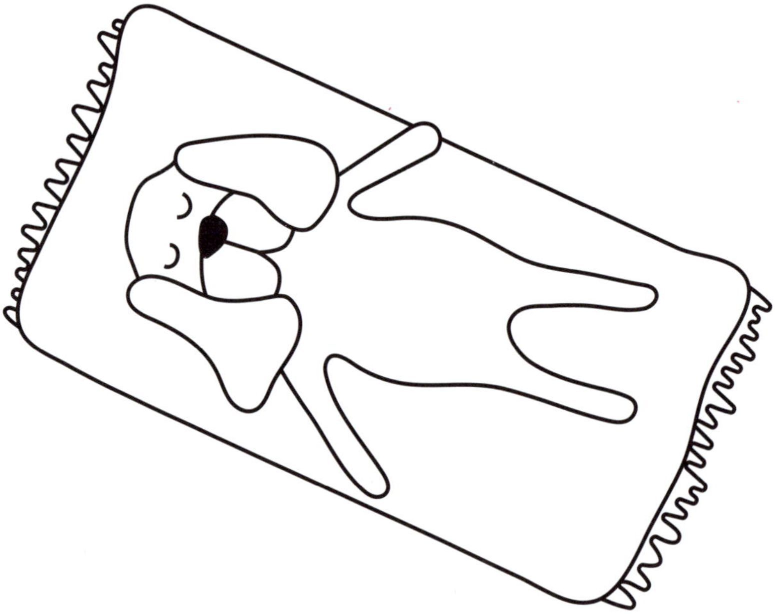

1 Allonge-toi sur le dos. Écarte les bras et les jambes, les mains ouvertes. Détends-toi.

2 Ferme les yeux et respire calmement, doucement. Ne bouge plus du tout. Visualise ta respiration qui s'écoule dans ton corps, comme l'eau d'un ruisseau.

3 Reste allongé ainsi quelques minutes. Détends chacune des parties de ton corps.

LE PRANAYAMA

Pranam ! Je m'appelle Prana la grenouille et je suis venue vous enseigner les merveilleux bienfaits du *pranayama*. Pour respirer, il faut être vivant et pour être vivant, il faut respirer. Aussi, savoir bien respirer est essentiel. On me demande souvent comment je fais pour avoir autant d'énergie pour sauter aussi haut et aussi loin. C'est grâce au *pranayama* ! Je suis heureuse de partager ce que je sais avec vous.

Essaie ce premier exercice dès le matin, au réveil. Ça te donnera de l'énergie pour toute la journée !

« PRANA », c'est la force vitale en chacun de nous.
« YAMA » signifie « contrôle ». En pratiquant le *pranayama*, nous contrôlons la force vitale dans notre corps.

La respiration du ballon

1 Assieds-toi confortablement, le dos droit. Pose tes mains sur les genoux. Inspire et expire tranquillement avec le nez. Ferme les yeux.

2 Imagine que ton corps est un ballon que tu remplis d'air. Cambre le dos, redresse la poitrine et tends tes bras au-dessus de la tête.

3 Expire. Baisse les bras ainsi que ta poitrine. Rentre le ventre et enlace-toi avec tes bras.

4 Répète l'opération plusieurs fois : déploie ton corps en inspirant, en grossissant comme un ballon, puis expire et dégonfle ce ballon.

La respiration du cœur et du ventre

1 Assieds-toi confortablement, le dos droit. Place une main sur ton ventre, l'autre sur ta poitrine. Ferme les yeux. Sens la manière dont ton souffle entre et sort de ton corps.

2 Inspire et expire en prêtant attention à ta respiration. Inspire et laisse grossir ton ventre tandis qu'il se remplit d'air. Expire en rentrant ton nombril, pour chasser tout l'air de ton ventre.

3 Respire ainsi, en te concentrant sur ton souffle, en respirant doucement, tranquillement.

4 Respire profondément. Imagine que l'air que tu inspires va jusqu'à ton cœur. Remplis ton ventre d'air. Respire encore un peu plus, en faisant monter de l'air dans ta poitrine.

5 Expire. Fais sortir l'air de ton cœur, puis de ton ventre.

6 Continue de respirer ainsi : remplis ton ventre d'air, puis ton cœur. Ensuite, expulse l'air de ton cœur et de ton ventre.

La rétention du souffle

1 Assieds-toi confortablement. Place tes mains sur les genoux.

2 Ferme les yeux. Respire en te concentrant sur chaque inspiration et chaque expiration.

3 Inspire profondément en remplissant tes poumons d'air. Retiens ta respiration quelques secondes.

4 Concentre-toi sur le point situé entre tes deux sourcils, pendant que tu retiens ta respiration. Imagine que celui-ci brille comme un diamant.

5 Expire doucement. Respire normalement quelques instants.

6 Recommence l'exercice, en retenant ton souffle quelques secondes de plus à chaque inspiration.

Anulom Vilom

Ou la respiration nasale alternée

1 Assieds-toi confortablement, le dos droit. Ferme les yeux et respire plusieurs fois profondément.

2 Place ta main droite sur le nez, la gauche posée sur le genou. Les doigts de la main droite doivent former le « vishnu mudra »*.

3 Ferme la narine gauche avec l'annulaire et inspire avec la narine droite.

***Vishnu Mudra : l'index et le majeur sont repliés dans la paume. Les trois autres doigts sont tendus.**

4 Ferme la narine droite avec ton pouce. Ouvre la gauche pour expirer.

5 Inspire avec la narine gauche.

6 Ferme la narine gauche. Ouvre la droite et expire avec celle-ci.

7 Inspire avec la narine droite. Puis referme-la et expire avec la narine gauche.

8 Commence par faire cet exercice 3 fois. À chaque nouvelle séance, ajoute une respiration supplémentaire, jusqu'à un maximum de 6.

9 Lorsque tu as terminé, repose tes mains et respire normalement.

Astuce : une fois que tu es habitué à l'exercice, tu peux aussi retenir ta respiration après avoir inspiré et expiré.

Ce bourdonnement de l'abeille

1 Assieds-toi confortablement, le dos droit. Ferme les yeux. Respire calmement 2 ou 3 fois.

2 Inspire. Bouche tes oreilles avec tes doigts.

3 Expire lentement par le nez en produisant un bourdonnement, comme celui d'une abeille.

4 Inspire et recommence 5 à 6 fois.

LA MÉDITATION

Salut ! Je m'appelle Moksha et je suis là pour vous apprendre ce qu'est la pleine conscience. J'adore la méditation, ça m'aide à me concentrer, à garder mon calme et à être heureuse. La méditation, c'est vraiment génial et je suis vraiment ravie de vous dévoiler tout ce que l'on m'a appris.

La pleine conscience, qu'est-ce que c'est ?

La pleine conscience, c'est être conscient du moment présent. C'est être entièrement à ce que nous faisons, au lieu de simplement faire une chose, sans même y penser ! Tout ce que nous faisons, chaque mot que nous prononçons, a une conséquence quelque part. Alors, avant de faire quoi que ce soit, il faut prendre le temps de réfléchir.

Notre esprit a tendance à errer dans le passé, ou à se projeter vers l'avenir. Il ne reste pas volontiers dans le moment présent ! À cause de cela, nous faisons des choses sans leur accorder de pensée et nous nous rendons nerveux, effrayés et inquiets. C'est là que la pratique de la pleine conscience nous vient en aide.

Ces exercices aideront votre enfant à améliorer sa concentration et à vivre le moment présent, à aimer la vie pleinement, dans ce qu'elle a de meilleur.

Moksha

La méditation assise

1 Assieds-toi confortablement, le dos droit, puis ferme les yeux.

2 Inspire profondément. En expirant, chante « Om », ou tout autre son ayant une résonance particulière en toi.

3 Respire et chante 2 ou 3 fois. Garde les yeux fermés. Concentre-toi sur le point situé au milieu de ton front. Imagine qu'il brille comme un diamant.

4 Lorsque tu sens ton attention se relâcher, recentre-la sur ta respiration.

5 Maintiens la posture quelques minutes. Ouvre doucement les yeux.

6 Augmente petit à petit le temps passé à méditer lorsque tu refais cet exercice.

Ces différentes façons de s'asseoir pour méditer.

Essaie-les, pour varier un peu tes exercices de yoga !

Sukhasana : passe une jambe par-dessus l'autre pour t'asseoir les jambes croisées, tout en gardant le dos droit.

Vajrasana : place tes talons sous les fesses, en gardant le dos droit.

Lotus : ce sera peut-être un peu difficile au début, mais essaie de t'asseoir comme ça quelques secondes. Tu augmenteras le temps passé assis dans cette position progressivement.

Le cercle de concentration

DRISHTI,
ça veut dire « concentration », en sanskrit. Lorsque tu médites, essaie de trouver ton *drishti*, il t'aidera à rester concentré, calme et stable.

1 Forme un petit « cercle de concentration » à l'aide d'une ficelle ou d'un ruban. Choisis un endroit où tu ne seras pas déconcentré, comme une chambre ou un jardin.

2 Marche lentement autour du cercle, en concentrant ton esprit sur chaque pas que tu fais. Si tu sens que ton attention ou ton esprit se relâche, sors aussitôt du cercle.

3 Fais quelques pas à l'extérieur du cercle, puis reviens à l'intérieur lorsque tu seras bien concentré à nouveau.

Yoga nidra

1 Allonge-toi en *savasana* (posture du cadavre, voir page 36). Concentre-toi quelques instants sur ta respiration, de manière à détendre ton corps et ton esprit.

2 À présent, tu vas devoir concentrer ton attention sur chaque partie de ton corps, en partant des orteils et en remontant jusqu'à la tête.

3 Concentre-toi sur tes orteils. Porte toute ton attention dessus. Plie-les, puis relâche-les.

4 Ensuite, tends tes deux pieds. Lève-les à environ 20 cm du sol, puis repose-les et relâche-les.

5 Concentre-toi maintenant sur les muscles de tes mollets. Tends-les, puis détends-les.

6 Passe ensuite aux genoux, en concentrant toute ton attention dessus. Reste détendu.

7 Concentre-toi sur tes jambes. Lève-les, tendues, à une vingtaine de centimètres du sol, puis relâche-les doucement.

8 Concentre-toi sur ton ventre. Tends tous les muscles de ton ventre. Puis détends-les.

Tendre les parties de mon corps évacue les tensions de mon esprit.

9 Concentre-toi sur ton dos. Ressens chacun des muscles de ton dos. Puis détends-toi.

10 Fais remonter tes épaules jusqu'aux oreilles. Tends-les. Puis détends-toi.

11 Serre les poings. Contracte tous les muscles de tes bras. Lève tes bras à 20 cm du sol. Relâche tout.

12 Ferme les yeux. Plisse ton nez, ton front, tes lèvres, comme si tu concentrais les éléments de ton visage en un seul point. Ouvre la bouche, et bâille. Puis détends-toi.

13 Prends quelques instants pour te concentrer sur chaque partie de ton corps et détends-toi.

14 Garde la posture de *savasana* quelques minutes, avant de te détendre.

Les éléphants passent 20 heures par jour à méditer. C'est pour cela que nous sommes si calmes.

La méditation m'aide même à améliorer mes notes à l'école !

La visualisation

1 Assieds-toi confortablement, ou allonge-toi sur ton tapis de sol.

2 En employant des mots prononcés à voix haute, essaye de verbaliser une situation à laquelle tu seras confronté.

3 Prenons l'exemple d'un prochain exercice noté à l'école. Nous allons le visualiser ensemble.

4 Imagine que tu es assis à ta table, en classe. Prends quelques secondes pour ressentir le bois de la table, la feuille de papier devant toi, les odeurs de la classe, du tableau, des livres.

5 Reporte ensuite ton attention sur la feuille d'exercice devant toi.

6 Ne la lis pas, regarde-la, simplement. Remarque les stylos, les crayons, la gomme, qui se trouvent sur la table. Visualise ta trousse, sur la table.

Sers-toi de ton imagination pour réaliser tes rêves !

7 Lis la feuille d'énoncé et imagine la joie ressentie en réalisant que tu connais les réponses à toutes les questions.

8 Prends ensuite ton stylo et commence à écrire. Tu donnes la bonne réponse à chaque question.

9 Imagine-toi assis en classe : calme, confiant, content, détendu, en train d'écrire, connaissant toutes les réponses. Tu rayonnes de confiance et de joie.

10 Imagine ensuite une nouvelle scène. Imagine que l'on t'a rendu l'exercice corrigé, et que tu as réussi haut la main. Tu es content, confiant et heureux.

11 Tu peux créer différents proxcédés de visualisation pour chaque événement à venir qui t'angoisse ou te stresse, tu prépares ainsi ton esprit à positiver.

Astuce : **la visualisation peut être encore plus efficace (et agréable !) en ajoutant une musique douce à l'exercice.**

La visualisation est parfaite en période d'examens,
avant une compétition sportive, un exposé ou tout ce qui pourrait
être source de stress.

La méditation peut être faite par séances de 5 minutes.
Elle peut être ajoutée à la fin d'une séance ou pratiquée séparément.

5 minutes : tu es un yogi

10-15 minutes : tu es un super yogi

LE PROGRAMME DE LEÇONS

Choisissez votre programme ! Bien qu'une petite séance de méditation soit recommandée après chaque leçon, nous savons que le temps est précieux et que les enfants s'agitent rapidement. Aussi, nous vous suggérons de leur faire faire les exercices de méditation dans un deuxième temps.

01 5 minutes

Assieds-toi et chante « Om » ou un chant spirituel, 3 fois.

1 min Un *pranayama* au choix : La respiration du cœur et du ventre / La respiration du ballon

1 min Les exercices d'échauffement :

30 secs Les levers de jambe simple

30 secs Le cycliste

1 min La roue ou le pont

30 secs La pince assisse

1 min Une posture au choix : L'arbre / Le danseur / Le guerrier

30 secs Le Lotus

Prière de gratitude finale

02 *10 minutes*

1 min	Commence par le *savasana* pour calmer ton corps et ton esprit.
	Assieds-toi et chante « Om » ou un chant spirituel, 3 fois.
1 min	Les exercices d'échauffement :
30 secs	Les levers de jambe simple
30 secs	Le cycliste
2 min	La roue ou le pont
2 min	La pince assisse
1 min	Une posture au choix : Le cobra ou L'arc
1 min	Une posture au choix : L'arbre / Le danseur / Le guerrier

03 *20 minutes*

2 min Commence par le *savasana* pour calmer ton corps et ton esprit.

Assieds-toi et chante « Om » ou un chant spirituel, 3 fois.

6 min Exécute 3 fois la salutation au soleil, une sur chaque jambe.

2 min La chandelle

2 min Le poisson

2 min La roue ou le pont

2 min La pince assise

2 min Le cobra ou l'arc

Une posture au choix : la pince debout / l'arbre le danseur / le guerrier / le triangle

2 min Relaxation finale : *savasana*

Prière de gratitude finale

04 40 minutes

2 min Commence par le *savasana* pour calmer ton corps et ton esprit.

Assieds-toi et chante « Om » ou un chant spirituel, 3 fois.

6 min Exécute 3 fois la salutation au soleil, 2 par jambe.

2 min Fais 2 minutes d'exercices d'échauffement au choix.

2 min La chandelle

2 min La charrue

2 min Le poisson

2 min La roue ou le pont

2 min La pince assise

Ajoutez du *savasana* à intervalles réguliers selon le rythme et l'énergie de votre enfant.

2 min Le cobra ou l'arc

1 min Au choix : le chat et la vache ou le lion rugissant et le chameau

2 min Le lotus

5 min Au choix, deux postures debout : le guerrier / la pince debout / le danseur / le triangle / l'arbre

2 min *Savasana* / transition

5 min Un *pranayama* au choix

3 min Relaxation finale : *savasana*

Prière de gratitude finale

Les noms sanskrit des différents asanas :

La salutation au soleil : Surya Namaskar

La chandelle : Sarvãngãsana

La charrue : Halãsana

Le pont : Setubãndhãsana

La roue : Chakrãsana

Le poisson : Matsyãsana

Le papillon : Baddhakonãsana

La pince (assise) : Pašcimottãnãsana

Le cobra : Bhujašgãsana

L'arc : Dhanurãsana

Le chat - la vache : Mãrjãryãsana (posture du chat) et Bitilãsana (posture de la vache)

Le lion rugissant : Simhãsana

Le chameau : Uttrãsana

Le lotus : Padmãsana

Le guerrier : Vïrãbhadrãsana

Les mains aux pieds : Padhãstaãsana

Le danseur : Natarãjãsana

Le triangle : Trikonãsana

L'arbre : Vrkshãsana

Le cadavre : Šavãsana

Nous espérons que vous avez apprécié ce livre.
À très bientôt !

Om Tat Sat.

L'aventure du yoga n'est pas facile. Je suis tellement reconnaissante d'avoir eu de solides piliers pour me soutenir tout le long de mon parcours. Merci à mes parents, Mona et Vishwapati Trivedi, dont le soutien, les encouragements et les bénédictions permanentes ont rendu ma pratique du yoga et ce livre possibles. Nos parents sont toujours nos plus grands soutiens. J'aimerais remercier ma sœur de cœur Aanchal Pilani pour être toujours restée à mes côtés. Tu m'as laissée tomber plusieurs fois, mais tu m'as élevé l'âme de bien plus nombreuses fois encore ! Un humble remerciement, du fond du cœur à Praladhji du Sivananda Ashram, avoir été votre élève fut une bénédiction. Un excellent enseignant qui éclaire le plus sombre des chemins.

Enfin, un merci à toutes les personnes des centres Sivanadana Yoga Vedanta, tous les professeurs, l'équipe, les bénévoles, les yogis karma… Vous apportez la joie et la paix au monde entier.

Ira

Imprimé en Espagne par Macrolibros
Pour le compte des éditions Hachette Livre (Marabout)
58, rue Jean Bleuzen, 92170 Vanves
Achevé d'imprimer : juillet 2017
Dépôt légal : août 2017
ISBN : 978-2-501-11216-1
8316093